La Chèv[illegible]

M[illegible]

A[illegible]et

Monsieur Seguin, un brave fermier, n'a pas de chance avec ses chèvres.
L'attraction de la montagne, de la liberté est trop forte pour une chevrette enfermée dans un enclos.
En sera-t-il différemment de Blanquette ?

ADAPTATION, EXERCICES ET NOTES Martine Ducrouet
CONSULTANTE LINGUISTIQUE Charlotte Juge

PREMIÈRES LECTURES

Toutes vos histoires préférées dans un petit livre.
Elles sont faciles à lire et très amusantes !

La Spiga languages

La Chèvre de M. Seguin

M. Seguin n'a pas de chance avec ses chèvres[1].
Il en a déjà perdu six dévorées par le loup[2]. Il en achète une toute jeune. Elle est si jolie avec ses yeux doux. Elle a de longs poils[3] blancs.
Il l'appelle Blanquette.

ACTIVITÉ

✎ **Coloriez la ferme comme vous vous la représentez.**

M. Seguin espère la retenir chez lui. Il loge la nouvelle pensionnaire dans un enclos[1] vert. Son amour de chèvre est attachée à une longue corde[2] et broute à volonté.
Mais M. Seguin se trompe.

1. ***enclos***

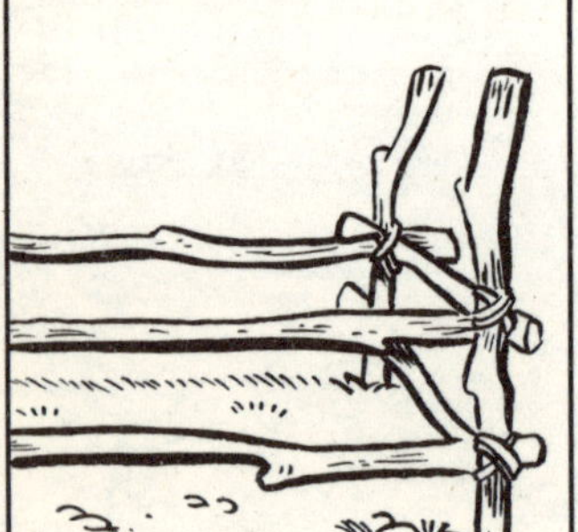

2. ***corde***

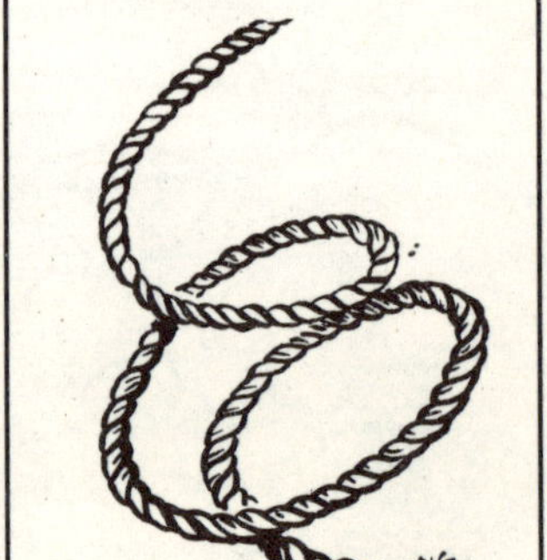

ACTIVITÉ

✎ **Comptez.**

Deux fois deux égale ....

Cinq moins un égale ....

Dix plus trois égale...................................... .

Sept fois quatre égale ....

Six moins un égale...................................... .

Quatre fois .... égale seize.

.... moins cinq égale neuf.

Dix plus quatre égale ....

« Comme on doit être bien sans cette corde qui me blesse[1] le cou ! » dit la chèvre. Dès lors, elle maigrit de désespoir. Elle tourne la tête du côté de la montagne[2].

1. ***blesser***

2. ***montagne***

ACTIVITÉ

✎ **Quel animal se cache derrière l'arbre touffu ?**

C'est un ....

M. Seguin s'aperçoit que sa chèvre a quelque chose.
En effet, un matin la chèvre lui dit :
« Monsieur Seguin, je m'ennuie chez vous. Je désire aller là-haut[1].
— Tu veux me quitter ? L'herbe[2] te manque t-elle ? La corde est trop courte[3] ?

ACTIVITÉ

✎ Devinettes.

Elle ne vole que
lorsqu'elle est morte.
L E U F I L E

....

Au retour, elle change
de nom.
N T P E E

....

Quelle est la mer
la plus sombre ?
E O I R N

....

Recouvert de lettres,
il devient blanc.
T B E U A A L

....

— Non, monsieur Seguin, je veux aller dans la montagne.

— Mais, tu sais bien qu'il y a le loup là-haut.

— Oui, je me défends[1] avec mes cornes[2] !

ACTIVITÉ

✎ **Reliez les mots aux images.**

LA CHÈVRE

LES CORNES

LE BOUC

LA CORDE

L'HERBE

L'ENCLOS

LA MONTAGNE

LE LOUP

— Mais tes cornes n'y font rien ! Te souviens-tu de Renaude, la chèvre méchante comme un bouc[1] ? Malgré sa force[2], après une nuit de combat[3] avec le loup, il l'a mangée.

ACTIVITÉ

✎ **Répondez aux questions.**

Où veut aller Blanquette ?

....

....

Pourquoi ?

....

....

Court-elle quelque danger ?

....

....

....

Quelle est son arme de défense ?

....

....

Qui est le plus fort ? La chèvre ou le loup ?

....

....

— La pauvre ! Laissez-moi néanmoins partir !

— Ah non ! Coquine. Cette fois-ci c'en est de trop! Je vais t'enfermer dans l'étable[1]. »

Et il l'enferme[2] dans l'étable noire. Mais il oublie de fermer la fenêtre[3].

1. ***étable***

2. ***enfermer***

3. ***fenêtre***

ACTIVITÉ

✎ **Complétez ce dialogue à l'appui des images.**

Je me .... avec mes cornes.

Te souviens de ...., la chèvre

.... comme un bouc ?

Après une nuit de .... le loup

l'a ....

Je .... aller dans la montagne.

La chèvre s'enfuit. Elle est ravie de n'avoir jamais rien vu d'aussi beau. Les arbres l'accueillent. Ils la caressent avec leurs feuillages[1] et sur son passage, les plantes fleuries[2] s'épanouissent.

1. *feuillages*

2. *fleuries*

ACTIVITÉ

✎ Vrai ou faux ?

	V	F
Blanquette veut rester dans son enclos.		✔
Le loup a mangé Renaud.		
M. Seguin laisse aller sa chèvre dans les montagnes.		
Blanquette s'enfuit par la fenêtre.		
Les plantes ne sont pas fleuries		

La chèvre gambade, grisée par ses premières heures de liberté. Intrépide, la montagne devient son domaine. Une fois, d'un sommet[1], elle éclate de rire[2]. La maison de M. Seguin, tout en bas, lui semble si petite.

1. *sommet*

2. *éclate de rire*

ACTIVITÉ

✎ **Dans ce puzzle, complétez avec les noms des couleurs.**

1. Bleu , … rouge.
2. … ≠ blanc.
3. La mer …
4. Le ciel est …
5. Couleur des tournesols.
6. C'est un beau …
7. La couleur de l'émeraude.
8. La layette est … pour les fillettes.

Vers le milieu de l'après-midi, elle rencontre une troupe de chamois[1]. Ils croquent[2] de la vigne sauvage. Ces messieurs sont très galants, sensibles au charme de Blanquette.

1. *chamois*

2. *croquer*

ACTIVITÉ

✎ **Mettez les prépositions correctes.**
(sur, du, avec, de, chez, dans, par, au)

Je suis ravie .... cadeau reçu.

Il est sensible .... charme de Blanquette.

Il l'enferme .... l'étable.

La chèvre est accueillie .... la nature.

Les fleurs s'épanouissent .... son passage.

Je me défends .... mes cornes.

Elle éclate .... rire.

Je m'ennui .... vous.

M. Seguin n'a pas de chance .... ses chèvres.

Le soir arrive plus tôt que prévu. En bas tout se dissipe dans le brouillard[1]. Un berger[2] ramène son troupeau[3]. Une trompe au loin sonne. C'est le dernier effort de M. Seguin. Il cherche en vain sa biquette.

1. ***brouillard***

2. ***berger***

3. ***troupeau***

ACTIVITÉ

✎ **Quels sont les animaux de la forêt ?**
Ajoutez ceux que vous connaissez.

CHAMOIS

PINGOUIN

REQUIN

LOUP

HIBOU

....

....

....

Blanquette a un instant de nostalgie qui s'efface aussitôt. Un bruit la met en garde. Derrière[1] le feuillage se cachent deux oreilles[2] courtes. Un regard[3] vorace la fixe.

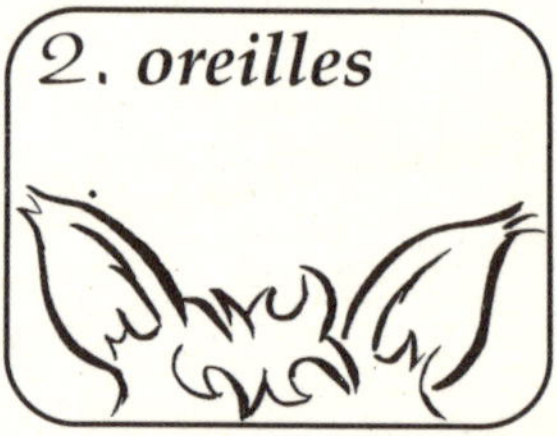

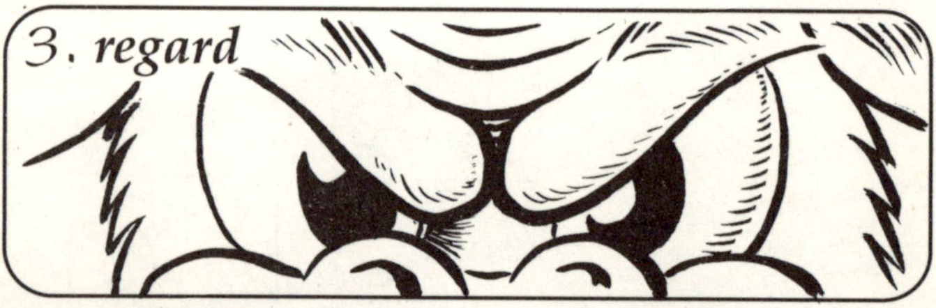

ACTIVITÉ

✎ **Complétez les phrases.**

À l'aube, ...

....

Le matin, ...

....

À midi, ...

....

L'après-midi, ...

....

Au crépuscule, ...

....

La nuit, ...

....

Après un moment de défaillance, Blanquette se souvient de l'histoire de Renaude. Elle baisse[1] la tête les cornes en avant. Elle espère ainsi tenir tête au loup jusqu'au petit jour[2].

1. *baisser*

2. *petit jour*

ACTIVITÉ

✎ **Cerclez le mot différent.**

Brasil	Japon	Chine	Acapulco
Nord	Est	Côte	Ouest
Industriel	Centre	Large	Central
Mère	Femme	Fille	Demoiselle
Petit	Ville	Village	Bourg
Qui	Que	Quoi	Avec
Beau	Joli	Séduisant	Laid

Le loup ne se presse pas. Il est là, assis[1] sur son train de derrière. Il la déguste[2] en avance. Il passe la langue rouge sur ses babines[3], et se met à rire : « Ha ! ha ! » Finalement il s'avance.

ACTIVITÉ

✎ **Coloriez.**

Quel est le témoin du tragique spectacle ?

....

....

Le combat commence. La brave petite chevrette se bat dans un redoublement de cornes. L'aube annonce sa capitulation.
Sa fourrure[1] blanche se tache de sang[2].
Elle s'allonge et ferme les yeux[3].
Alors le loup la mange.

ACTIVITÉ

✎ **Répondez.**

Est-ce que le loup ignore la chèvre ?

....

....

Comment se bat Blanquette ?

....

....

Quand renonce-t-elle au combat et pourquoi ?

....

....

....

À quoi peut-on comparer son poil blanc ?

....

....

Est-ce que le loup a finalement pitié d'elle ?

....

....

• LECTEURS EN HERBE • EN COULEURS •

Béril ASTRELIX DANS L'ESPACE
Lutun ZAZAR
Moulin LE COMTE DRACULA
Moulin NESSIE LE MONSTRE
Moulin ROBIN DES BOIS
Vincent LA FAMILLE FANTOMAS

• PREMIÈRES LECTURES •

Aublin LE RIFIFI
Aublin MERLIN L'ENCHANTEUR
Aublin SCARAMOUCHE
Avi LE TITANIC
Brunhoff L'ÉLÉPHANT BABAR
Busch MAX ET MAURICE
Cabline VERCINGÉTORIX
Capatti JOUEZ avec la GRAMMAIRE FRANÇAISE
Daudet LA CHÈVRE DE M. SÉGUIN
Dumas LES TROIS MOUSQUETAIRES
Dutrois L'ACCIDENT !
Dutrois OÙ EST L'OR ?
Germain LE PETIT DRAGON
Gilli MÉDOR ET LES PETITS VOYOUS
Grimm CENDRILLON
Grimm LES GNOMES
Hutin LA MAISON DES HORREURS
Hutin LE PAPILLON
La Fontaine LE LIÈVRE ET LA TORTUE
Leroy LES AVENTURES D'HERCULE
Les 1001 Nuits ALI BABA ET LES 40 VOLEURS
Messina LE BATEAU-MOUCHE
Perrault LE PETIT CHAPERON ROUGE
Stoker DRACULA

• PREMIÈRES LECTURES • EN COULEURS •

Arnoux LE MONSTRE DE LOCH NESS
Andersen LES HABITS DE L'EMPEREUR
Grimm HANSEL ET GRETEL
Hugo LE BOSSU DE NOTRE-DAME
Laurent LE DRAGON DORMEUR
Laurent POCAHONTAS
Pellier LE VAMPIRE GOGO

• LECTURES TRÈS FACILITÉES •

Aublin FRANKENSTEIN contre DRACULA
Avi LE COMMISSAIRE
Avi LE TRIANGLE DES BERMUDES
Cabline NAPOLÉON BONAPARTE
Capatti JOUEZ avec la GRAMMAIRE FRANÇAISE
Cavalier LES MÉSAVENTURES DE RENART
Ducrouet NUIT DE NOËL
Géren LE BATEAU VIKING
Géren LE MONSTRE DES GALAPAGOS
Germain LE VAMPIRE
Gilli UN CŒUR D'ENFANT
Gilli PARIS-MARSEILLE VOYAGE EN T.G.V.
Hémant MARIE CURIE
Hutin CARTOUCHE
Hutin LE MYSTÈRE DE LA TOUR EIFFEL
Laurent UN VOLONTAIRE DANS L'ESPACE
Leroy ANACONDA, LE SERPENT QUI TUE
Mass LA CHASSE AU TRÉSOR
Mass OÙ EST L'ARCHE DE NOÉ?
Mérimée LA VÉNUS D'ILLE
Messina GRISBI

• LECTURES TRÈS FACILITÉES •

Arnoux BONNIE ET CLYDE • FUITE D'ALCATRAZ
Aublin • Wallace SISSI • BEN HUR
Avi • Doyle PIRATES • LA MOMIE
Cabline LES CHEVALIERS DU ROI ARTHUR
Germain • Saino HALLOWEEN • LE MASQUE
Hoffmann PIERRE L'ÉBOURIFFÉ
Hutin LES COPAINS
Pellier LE REQUIN • HISTOIRES FANTÔMES
Perrault • Leroux BARBE BLEU • FANTÔME de l'OPÉRA

• LECTURES FACILITÉES •

Aublin RIEN NE VA PLUS !
Beaumont LA BELLE ET LA BÊTE
Capatti JOUEZ avec la GRAMMAIRE FRANÇAISE
Capatti PEARL HARBOR
Daudet TARTARIN DE TARASCON
Dumas LES TROIS MOUSQUETAIRES
Flaubert MADAME BOVARY
Forsce JACK L'ÉVENTREUR
Fraîche LA BATAILLE D'ALGER
Fraîche LES MYSTÈRES DE LA BASTILLE
Gautier CAPITAINE FRACASSE
Géren LA MOMIE
Géren LES DENTS DE DRACULA
Giraud L'HISTOIRE D'ANNE FRANK
Juge FUITE DE LA CAYENNE
Juge JEANNE D'ARC
Malot SANS FAMILLE
Martini LA CHANSON DE ROLAND
Martini LE ROMAN DE RENART
Martini LE FANTÔME à Chenonceaux
Mass FUITE DE SING-SING
Maupassant BOULE DE SUIF
Maupassant UNE VIE
Mercier CONTES D'AFRIQUE
Mercier L'AFFAIRE DREYFUS
Mercier L'EUROTUNNEL
Molière LE MALADE IMAGINAIRE
Mounier STALINGRAD
Pergaud LA GUERRE DES BOUTONS
Perrault LE CHAT BOTTÉ
Rabelais GARGANTUA ET PANTAGRUEL
Radiguet LE DIABLE AU CORPS
Renard POIL DE CAROTTE
Rostand CYRANO DE BERGERAC
Sand LA MARE AU DIABLE
Sand LA PETITE FADETTE
Ségur MÉMOIRES D'UN ÂNE
Terrail LES EXPLOITS DE ROCAMBOLE
Troyes PERCEVAL
Verne DE LA TERRE À LA LUNE
Verne LE TOUR DU MONDE EN 80 JOURS
Verne 20 000 LIEUES SOUS LES MERS

• LECTURES FACILITÉES •

Beaumarchais • Fraîche FIGARO • ROBESPIERRE
Beaum • Hugo BARBIER SÉVILLE • MISÉRABLES
Forsce RICHARD CŒUR DE LION
Fraîche CHARLEMAGNE
Loti • Messina PÊCHEUR • JOCONDE
Mercier • Renard CONTES • POIL DE CAROTTE
Molière TARTUFFE
Saino • Juge ORIENT EXPRESS • ANDES
Ségur • Pergaud MÉMOIRES ÂNE • GUERRE

• LECTURES SANS FRONTIÈRES •

Balzac LE PÈRE GORIOT
Béguin AMISTAD
Béguin (SANS CASSETTE/CD) JOUEZ avec la GRAMMAIRE FRANÇAISE
Combat HALLOWEEN
Conedy COCO CHANEL
Diderot JACQUES LE FATALISTE
Dumas LA DAME AUX CAMÉLIAS
Flaubert L'ÉDUCATION SENTIMENTALE
Flaubert MADAME BOVARY
France LE LIVRE DE MON AMI
Hugo NOTRE-DAME DE PARIS
Iznogoud JACK L'ÉVENTREUR
Maupassant BEL-AMI
Messina JEANNE D'ARC
Messina MATA HARI
Messina NAPOLÉON. L'HISTOIRE D'UNE VIE
Molière L'ÉCOLE DES FEMMES
Proust UN AMOUR DE SWANN
Sampeur RAPA NUI
Stendhal LE ROUGE ET LE NOIR
Térieur LE TRIANGLE des BERMUDES
Zola GERMINAL
Zola THÉRÈSE RAQUIN

• AMÉLIORE TON FRANÇAIS •

Alain-Fournier LE GRAND MEAULNES
Anouilh BECKET
Balzac L'AUBERGE ROUGE
Balzac L'ÉLIXIR DE LONGUE VIE
Balzac NAPOLÉON DU PEUPLE
Baudelaire LA FANFARLO
Corneille LE CID
Daudet LETTRES DE MON MOULIN
Duras AGATHA
Flaubert UN CŒUR SIMPLE
Gautier LA MORTE AMOUREUSE
Hugo Le DERNIER JOUR d'un CONDAMNÉ
La Fontaine FABLES
Maupassant MADEMOISELLE FIFI
Maupassant LE PETIT FÛT
Molière L'AVARE
Molière L'AMOUR MÉDECIN
Molière TARTUFFE
Molière LES PRÉCIEUSES RIDICULES
Perrault CONTES
Prévost MANON LESCAUT
Rousseau RÊVERIES DU PROMENEUR SOLITAIRE
Simenon LES 13 ÉNIGMES
Stendhal LES CENCI
Stendhal HISTOIRES D'AMOUR
Voltaire MICROMÉGAS

• CLASSIQUES DE POCHE •

Baudelaire LE SPLEEN DE PARIS
Duras (SANS CASS./CD) L'AMANT
Hugo LA LÉGENDE DU BEAU PÉCOPIN
La Fayette LA PRINCESSE DE CLÈVES
Maupassant (SANS CASS./CD) CONTES FANTASTIQUES
Pascal PENSÉES
Proust VIOLANTE OU LA MONDANITÉ
Racine (SANS CASS./CD) PHÈDRE
Sagan (SANS CASS./CD) BONJOUR TRISTESSE
Simenon (SANS CASS./CD) L'AMOUREUX DE MME MAIGRET
Voltaire CANDIDE

© 2005 *La Spiga languages* • IMPRIMÉ EN ITALIE PAR TECHNO MEDIA REFERENCE • MILAN
DISTRIBUÉ PAR MEDIALIBRI • VIA IDRO 38, 20132 MILAN • ITALIE • TÉL. 02 27207255 • FAX 02 2567179